샘물

창조문예
시 선
0 **1 3**

조정태 시집

샘물

창조문예사

시인의 말

　지난 6년 동안 쓰고 발표한 시들을 모아 새 시집을 내게 되어 감사한 마음입니다.

　그동안 코로나와 여러 가지 환경 위기의 징후들을 겪으면서 우리를 둘러싸고 있는 자연과 생명의 소중함과 아름다움을 더욱 마음 깊이 느끼게 되었습니다. 사회적으로 개인적으로 어려운 시기를 지나면서 아침마다 말씀 앞에 엎드려 귀를 기울일 때 나의 삶 속으로 들어오시고 함께하시는 주님을 만날 때들이 있었습니다.
　그런 귀 기울임과 만남 속에서 쓴 시들을 엮어서 펴내게 되어 기쁘고 감사합니다.

　한결같은 사랑과 정성으로, 영성 지도로 이끌어 주신 소망교회 김난희 목사님께 깊은 감사를 드립니다.
　어려운 시대에도 시와 찬미로 찬양드리기를 늘 사모하는 창조문예 문인협회의 문인들, 제 시를 사랑해 주고 격려해 준 동문들, 나를 위해 기도해 준 소망교회의 교우들께 마음으로부터 감사를 드립니다.

    또한 시 해설을 해 주신 임영천 교수님과 편집을 해 주신 창조문예 편집부 여러분께 감사드립니다.

2024년 11월에
조정태

추천의 글

문득 노을 지는 시간의 방문을 눈치 채는 순간, 몇몇 비범한 일을 수행하는 것보다 크고 작은 일들을 묵묵히 받아내는 일상이 생각보다 쉬운 일 아님을 감지합니다. 타인에게 뒤질세라 앞만 보고 달음질하듯 살아온 편협한 삶의 어떤 부분이 상처로 욱신거릴 즈음, 조정태 시인의 시를 만납니다.

시인의 시에는 평범한 일상이 담담히 조명되고, 삶의 배경처럼 있어 줬던 수많은 존재가 저마다의 소리와 향기, 빛깔로 생생히 살아 있습니다. 잠깐의 눈길도 아까워했던 사이 나와 마주치고 스쳐 가고 흘러간 물상들이 이처럼 반짝이는 존재였음을 일깨웁니다. 그러니까 이 물상들은 매 순간 나에게 말을 건네고 있었던 거네요. 언제부터 이렇게 기다리고 있었는지 참 미안한 마음이 듭니다. 그러나 이들을 듣고 반응하며 교감을 나누는 조정태 님은 역시 시인이십니다!

시인의 시에는 순환하는 계절을 따라 보이지 않는 시공간이, 바람과 구름과 눈雪과 일월성신이, 땅에 기대어 사는 수국, 벚꽃, 장미, 목련, 애기장대풀꽃 등과 흔치 않은 이름의 나무들이, 성전의 돌과 심지어 코로나 바이러스까지 아름다운 주연이 됩니다. 그들의 몸짓을 따라 시인은 찬탄과 아련함, 그리움, 기다림, 희망으로 반향을 보냅니다. 또 시인은 일상의 사건들에서도 시어를 길어 올립니다. 전철 안에서 공원에서 포도에서 연주회에서 예배당에서 장례식장에서 열린 책에서 뉴스 앞에서 기도처에서 만난 사건들을 연민으로 보듬어 주님께 부탁드리고 있습니다. 그러므로 물상들은 이제 저녁예배의 향연입니다.

    이윽고 『샘물』의 5부에 이르는 동안 시인은 온 천지에 충만하신 주님을 말씀이신 분으로 경험하며 기쁨과 감사와 찬양을 드립니다. 그래서 『샘물』은 "눈이 닿는 우주 공간에, 손이 닿는 구석구석에"(찬송가 592장 후렴구 중에서) 주님을 경험하지 않을 곳이 없음을 노래하는 찬양으로 축성祝聖됩니다. 멈춤을 잊은 우리, 이따금 『샘물』과 함께 지상에서 영원으로 이어진 찬양의 여정을 떠나보면 어떠실까요?

김난희(소망교회 상담목사)

차례

시인의 말   4
추천의 글_ 김난희(소망교회 상담목사)   6

제1부_ 내게 주신 꽃들을

눈 내린 아침	13
수국이 필 때 1	14
눈 오는 날	16
일억 이천만 송이 튤립을	18
예언자의 동산	20
돌덩이	22
다가오심	24
겨울의 태양	25
내게 주신 꽃들을	28
겨울 노래	30

제2부_ 분수

편백나무 향기	35
목련꽃 지기 전에	36
산책	38
봄날	40

분수	41
장미꽃 아래에서	42
목련꽃 오후 1	44
목련꽃 오후 2	45
눈먼 코끼리와 피아노	46
시가 없을 때	48
달밤	50
수국이 필 때 2	52
장미의 인사	54

제3부_ 만세의 메아리

별의 노래	57
열린 책	58
시집 1	60
하늘공원	62
별이 빛나는 밤(The Starry Night)	64
어여삐 여겨	66
시간의 강물	68
만세의 메아리	70
재상봉 2	74
다시 연세 동산에서	77
태풍의 소식이 들려올 때마다	80
시 항아리 1	82
시 항아리 2	84

제4부_ 생명의 강물

그 잔盞	89
나는 그저	90
생명의 강물	92
어둠 속에 선율이 흐를 때 2	94
뽕나무	96
어느 날 꿈속에	98
세미한 음성	100
눈 내리기 전에	102
어떤 눈물	104
저녁노을	105
다른 무엇으로	106

제5부_ 먼 여행

개기월식皆旣月蝕	109
백목련 필 때	110
나무와 여인	112
먼 여행	114
시간의 방향 2	116
성전의 돌	118
감사 노트	120
겨울 수국 1	122
겨울 수국 2	124
입춘	125
애기장대풀의 꿈	126
도착	128
샘물	130

해설_ 임영천(문학평론가·조선대 명예교수)　　132

제1부
내게 주신 꽃들을

눈 내린 아침 • 수국이 필 때 1 • 눈 오는 날
일억 이천만 송이 튤립을 • 예언자의 동산
돌덩이 • 다가오심 • 겨울의 태양
내게 주신 꽃들을 • 겨울 노래

눈 내린 아침

눈이 내리면
내리는 대로
모두 받아 안아서
둥근 화분은 둥글게,
네모난 화분은 네모나게,
가로수 가지는
어깨 위에, 잔등 위에
눈꽃을 피우고 서 있습니다

플라타너스 높은 가지 위에 새 둥우리에선
지붕 잇는 재주를 받지 못한 어미새가
새끼들을 품어 안고 밤을 지냈을까

평생에
새들이 불평한 소식은 아직 듣지 못했느니

밤새 내린 눈을 이마에 이고
잠잠히 반짝이는
겨울나무

수국이 필 때 1

누구를 위해서일까
이다지도 많은 꽃들이
한 꽃숭어리 안에

벌들이 온종일 탐색한들
이 숱한 꽃들이 비롯되는 곳을
알아 낼 수 있을까

구름이 피어나는 곳,
바람이 오는 곳,
이슬이 내리는 곳으로부터

작은 원형의 꽃망울을 거쳐
연두색 작은 꽃잎으로,
또다시 눈부신 하얀 꽃판으로 펼쳐지는
긴 꽃마차

왜 하고 많은 별들이
밤하늘에 가득한지,

왜 바람은 그렇게도 많은 구름을
피어나게 하는지

발을 멈춘 그대 위해
푸른 성운은
정원 가득
순백의 꽃별들을 쏟아 놓는구나

눈 오는 날

눈송이가 내리는 거리를
걸어간다
얼굴에는
하얀 마스크

전철에서 만나는 승객들도
마스크를 하고
저마다
꾸어온 섬처럼
앉아 있다

예배실에 앉은 신도들도
여기저기
마스크를 쓴 채
귀를 기울이고
낯익은 사람들은
저만치 고개로만 인사한다
눈만 내놓은 채

사람들 사이로
손바닥만 한
하얀 천이 드리워질 때
내리는 눈은
벗은 나무들과 언 땅을 덮는데

점,
점,
점,
흩날리는 눈발 속으로
고개를 숙이고
걸어가는 시간

일억 이천만 송이 튤립을

분주한 거리에서 빠져나와
닳아빠진 얼굴들과
날마다 타고 나가던 고기잡이 배도
세워놓고
들어보자
아무도 없는 곳에서
바람이 속삭이는 말,
꽃들이 일러주는 말

축구장 열 개만 한 유채꽃밭을 갈아엎고
일억 이천만 송이 튤립을 잘라버리고[*]
벚꽃 핀
윤중로에도 석촌호에도
나타날 수 없을 때

모처럼
멀리
지구의 지붕[**]도 보인다 하니
올림포스 산에서 채화한 성화도

한 일 년 세워 놓았고
불을 들고 달리던 자도
오래 기다렸다가 오겠으니

이제는
멈추어 선 곳,
골방에 홀로 앉아
오래전에 잊어버렸던,
침묵이 말하는 소리에
귀를 기울여 보자

당신의 차도,
당신의 분주함도
좀 더 세워 놓고
그대의 얼굴을 더 가려야 할지도 모른다
지구의 지붕이 보다 잘 보일 때까지

* 일억 이천만 송이 튤립: 네델란드에서 매년 봄 열리던 튤립축제를 취소하기 위해 2020년 봄, 일억 이천만 송이 튤립을 폐기함.
** 지구의 지붕: 히말라야 산의 별명.

예언자의 동산

어스름이 깃드는 동산에서
나무들이 머리를 맞대고
기도를 한다
느티나무 소나무
산딸나무 단풍나무
벚나무 박태기나무
일찌기 모든 꽃을 떠나보낸 목련
다 같이 눈을 감고
예배를 한다
세상을 휘젓고 다니는 감염병 때문에
이들의 예배는 더욱 간절해지고

아침이면 하늘 향해 두 팔을 들고
찬양을 하고
한낮에는 정오의 태양을 머리에 이고
번제를 드리고
밤이면 깊은 묵상에 든다

나무들의 기도 소리와

노랫소리를 들을 줄 아는 이들이
일찌기 예언자가 된 이유를
어스름 깃드는 하오의 동산이
숨죽이고 반짝이며 일러준다

예언자의 동산*은
그러기에
아직도 미완성이다
동산은 날이면 날마다
노래하면서 깨어나고
경배하며 하루를 보내고
기도하면서 잠이 든다

---

* 칼릴 지브란은 『예언자』, 『사람의 아들 예수』에 이어서 『예언자의 동산』이
  라는 시집을 구상하였으나 이를 완성하지 못했다고 한다.

돌덩이

주님 앞에 찬양을 드리지만
두 눈만이 드러나 보이고
당신 목소리도 성전 안에서
온전히 울릴 수가 없구나
성전은 비어 있고

주님의 십자가 아래에 선
여인들이 생각나는 것은 왜일까

하얀 마스크가
당신의 고운 얼굴빛을 가리고
낭랑한 음성을 가린다 한들
주님의 무덤을 막아선 돌덩이 같을까

라우다무스 테[*]
동산지기[**]와도 같이
아침 풀밭 위로
걸어오신 주님

사망이나 생명이나
환난이나 곤고나
현재 일이나 장래 일이나
어떤 피조물도
무덤 앞의 돌덩이를 옮기시는 손길을
막을 수는 없으니

라우다무스 테,
Laudamus Te

* 라틴어로 "주님께 찬양을 드립니다(We praise Thee)"라는 뜻으로 성가에 나온다.
** 요한복음 20:15.

다가오심

내 영혼에 기도가 일어날 때는
나를 들으시는 아버지가 다가오시는 것

내 마음에 노래가 울릴 때는
내 하늘에 해가 떠오르는 것

내 영혼에 간구가 있을 때는
채우시는 손길이 내게 손짓하는 것

내 마음에 찬양이 솟아날 때는
만유가 함께 창조주를 기뻐하는 것

내 마음이 외로움에 젖을 때는
함께하시는 주님을 다시 발견하게 하시는 것

겨울의 태양

1

그렇게 항상 하늘에서
웃음 짓고 있어서
함지박같이
아낌없이 빛을 부어주면서
늘 나의 주위를 돌고 있어서

나는 결코
그대로부터 도망갈 수도
떨어질 수도 없고
지우려 해도 지워지지 않고
모른 척해도 멀어지지도 않고
돌아보지 않아도
늘 나를 주시하고 있기에
그대는 나의 형제*,

그대 아래 있는 이 만상은
이제

나의 다정한 자매가 된다.

2

시련의 날들 속에서
그대는 가혹한 운명처럼
벗어날 수 없는 징벌처럼
내 정수리를 자주 뜨겁게 했지만

입춘이 지난 겨울날
소리 없는 미풍과도 같이
밑바닥이 보이지 않는 샘터와도 같이
끊임없이 솟구치는 샘물을 본다

해의 동공을 들여다본 적이 있는가
빛과 불의 소용돌이가
바람의 갈기처럼 나부낄 때

누구도

탄식하거나 잠들 수 없으니
할 수 있는 것은
오직
귀 기울이거나
가만히 노래하는 것뿐

* 성 프란치스코는 태양을 형제로, 달과 대지를 자매라고 노래하였다.

내게 주신 꽃들을

내게 주신 꽃들을
주님 앞에 드리며 나아갑니다
주님의 은혜의 깊이를
다 헤아릴 수 없고
지난날의 죄 또한
헤아릴 길 없지만
주님
오늘은 이 꽃다발 하나로 갈음하여 주소서
내 마음 알아 주시고
이만큼의 하늘 아래
서게 해 주셔요
그동안의 그 긴긴 얘기,
그동안의 모든 아픔도 마감하여 주셔요

내게 주신 꽃들을
주님 앞에 드리며 나아갑니다
지난날 못다 한 내 마음의 고백들과
주님 마음에 남은 아쉬움들도
모두 풀어놓을 길 없다 해도

주님
오늘은 이 꽃다발 하나로
이 봄날을 거두어 주시면
이만큼 한 하늘 아래 서겠어요

주님 앞에 드리는
나의 마음은
다만 감사의 꽃송이
나의 지난날의 잘못을 이제 마감하여 주시고
주님의 담담한 미소를 보고 싶어요
내가 눈물을 쏟아놓지 않는다 해도
찬란한 계시의 휘장이
열리지 않는다 해도
나는 주님의 잔잔한 미소에 안기렵니다
주님은 다만 손바닥에 새긴 내 이름을[*]
보여 주셔요

* 이사야 49:16.

겨울 노래

숲이 비어 있으면
태양도 가난하다

꽃들은 일찍이 모두 대지로 돌아갔고
나무들도 빈손
울창하도록 만물을 거느렸던 태양도
빈손

그러나
목련나무 가지 위
겨울잠을 자는 꽃눈도,
빈 몸으로 서 있는 라일락의 뿌리도
알고 있다
태양은 결코
가난해지지 않은 것을

모든 잠든 것들 위에
등불처럼 멀리 비치지만

혹한 속에서도
가려줄 잎사귀 하나 없는 새 둥우리 속
작은 새들은
듣고 있다

빈 가지들을 현 삼아서
태양이
그 빛줄기로
가만히
탄주하고 있는 겨울 노래를

제2부
분수

편백나무 향기 • 목련꽃 지기 전에 • 산책 • 봄날 • 분수
장미꽃 아래에서 • 목련꽃 오후 1 • 목련꽃 오후 2
눈먼 코끼리와 피아노 • 시가 없을 때 • 달밤
수국이 필 때 2 • 장미의 인사

편백나무 향기

교보 잠실 지하에 가면
향기가 난다
수풀에 가면 나는 피톤치드 향기
아니면 원목에서 나는 향기
오랜 세월 전에 읽었던 책들의 향기
로빈손 크루소와 보물섬
쟝 크리스또흐와 데미안
페터 카멘진트와 까라마조프와
윤동주와…
셀 수도 없는 이름과 추억과 회상으로부터 나는
향기가 있다

그 향기가 유칼립투스와 편백나무 향기로
조성된 것은 나중에 알았지만
지금도 나는 그 향기가
나르찌스와 골드문트,
중학 시절 읽은 김동인과 이광수,
그리고 독일인의 사랑과
릴케에게서 나는 향기일 거라고
짐작하고 있다

목련꽃 지기 전에

정원에 날마다 가는 것은
목련이 한창 피어나고 있기 때문입니다

정원을 한 바퀴 돌고 난 오후
집으로 가는 길
주머니 속엔
목련꽃잎 세 장

정원에 다시 가는 것은
목련이 곧 질 것이기 때문입니다

다시 한 해를 기다려야 할 안타까움에
그립기 전에
다시 목련을 보렵니다

어느 시인[*]은 시를 쓰기 위해
썩은 사과를 놓아 두고
그 향기를 맡았다는데
나는 목련꽃잎들을

작은 종지기에 담아놓을까

목련꽃 지기 전에,
정원에 해 지기 전에
그대여
어서 오셔요

* 독일의 시인, 프리드리히 쉴러.

산책

나무들은 그 팔로 나를 두르고
대지는 내 발을 받쳐 주어서
나는 대지 속에 깃든
한 개 말 없는 생물이 되어
그저 타박타박 걷는다

대기는 맑고
대나무 숲,
소나무 숲은 청청,
나는 대지의 품 안에
안기어 있는 듯

생각도 걱정도 끊어진
허허로움

그때
난 알았네
나를 안고 있는 것은
나무도 숲도 아니요

천지 지으신
여호와인 것을

봄날

4월 마지막 날
야트막한 언덕길에
벚꽃이 지고 있다

가지마다
분홍의 겹꽃이 늘어져 피어있고
아래쪽 잔디밭에는 분홍 꽃잎들이
나무의 그림자 크기만큼이나
떨어져 널려있다

꽃잎들은 하오의 햇빛에
파도처럼 반짝이며
나무에 달려있을 때보다
더 생생하게
빛난다

꽃잎이 떨어진 잔디 위로
까치 한 마리,
한가로이 거닌다

4월이 가고 있다

분수

비록 하늘에 닿지는 못해도
솟구쳐 오르는 것은 나의 기도

비록 곡조를 빚지는 못해도
떨어지는 물방울 소리는 나의 노래

솟구치고 떨어지는 물줄기 사이
흩날리는 물보라는
푸르름에 보내는 나의 수줍은 입맞춤

6월의 정원에서 부르는 나의 노래를
받아주소서

장미꽃 아래에서

담장 너머로
치렁한 가지를 늘어뜨린 장미,
왠지 그 밑에 서 있고 싶어
장미와 장미 사이에 서서
그 얼굴을 올려다봅니다

장미는 그 향기를 내게 부어주며
속삭입니다
5월입니다
당신도 피어날 때입니다
당신도 향기를 발할 때입니다
나와 함께 이 정원을 걸어요
생명의 성 안으로 들어가요

멀리 눈 덮인 산봉우리 너머로
얼굴을 내민
알프스의 소녀 하이디,
눈인사를 보내며
요드레이히
요드레이히

노래를 불러줍니다

당신이 피어날 때입니다
당신이 노래할 때입니다
이 아침의 청정한 대기를 들이마시며
이제 당신이 노래할 때입니다

성문 앞 우물곁에 서있는 보리수도
어스름 하늘에 눈뜨는 별들도
지금 여기 우리를 둘러싸면서
푸른 성 안으로 우리를 부릅니다

이제
걸음을 멈추고
귀 기울여 봐요
푸른 성의 빗장이 열리고
들리지 않나요
당신 영혼 깊은 곳에서 샘솟는
노랫소리

목련꽃 오후 1

3월의 하늘가에
이제 막 벙그는 목련꽃을
가지에 앉은 새 한 마리
쪼아 먹습니다

순백의 꽃을 채 다 펼쳐보기도 전에
그 부리에 무너질 듯하니
허이 허이
쇳소리를 내어 보아도
새는 들은 척도 안 합니다

더 늦기 전에
풀밭에서
조막만 한 돌을 집어 드는데
새는 그걸 알고
뾰르릉
달아납니다

목련꽃 오후 2

목련꽃에 하늘이 스며 있나,
하늘에 목련꽃이 스며 있나

떨어진 백목련 꽃잎에는
누가 하늘의 향기를 새겨 놓았나

풀밭 여기저기
목련 꽃잎들이
살랑이는 바람 속에
태평스레 누워있네

떨어진 꽃 이파리를
진주처럼 조심스레 주워서
담는다
구름으로 피어올라
사라지기 전에

눈먼 코끼리와 피아노

지나친 노역으로,
인간의 학대와 부주의로
눈이 먼 코끼리들에게
피아노 연주를 들려주는 사람*

성나면 그 크고 강한 코로
자동차건 사람이건 메다꽂는데
웬일인지
그의 피아노 옆에선
간간이 코를 허공중에 흔들며
귀를 기울이듯
가만히 서 있는
코끼리

건반을 두드리며
두려움도 없이
연주에 몰입하는데
그의 마음을
눈먼 코끼리도 눈치챈 것일까

피아노의 소리가
코끼리의 아픈 상처를
쓰다듬어 주는 것일까

눈먼 코끼리의 마음에
피아노의 선율이
작은 파동을 일으키고
이 시간
코끼리는 일찍이 헤어진 엄마를
회상하는지도 모른다

* 폴 바튼(Paul Barton): 영국의 피아니스트이자 환경운동가.

시가 없을 때

나에게 시가 없을 때는
아는 시인 또는 낯선 시인의 시를
주머니에 담습니다
겨울에는 호호 입김을 불어서 담고
봄에는 흩날리는 벚꽃처럼 경탄하며 담고
여름에는 밤바다에 파도의 흰 갈기처럼 맞고
이른 아침에는 종소리처럼 맞습니다

내게 시가 없을 때는
꽃 떨어진 목련의 푸른 이파리도 새삼 눈여겨보고
가문비나무의 솔방울도 주워서 탑인듯 모셔놓고
초저녁달이 머리에 인 별은 가슴에 담고
가을이 오는 곳이 어딘지 헤아려도 봅니다

내게 시 없는 것을 아쉬워할 때
어느 시인의 시를 가슴에 담습니다

시를 쓰지도 부치지도 못하는 이 시간들이
고였다가

어느 날 시가 되어서
잊었던 뒤안길을
샘물처럼 돌아 나오고

누군가 가난한 마음이
나의 시를
주머니에 담겠지요
내가 그랬던 것처럼

오늘도 가을은 서너 걸음 더
깊어집니다

달밤

초저녁 귀갓길
골목의 입구에서
휘영청
밝은 보름달을
마주친다

보름달빛에 갑자기 들킨
어느 옛사람이
휘-청 걸음을 멈추고서
잠시 눈부셔 하다가
휘-영-청 밝다고 했을까

저 둥근 광채가
오늘도
내 마음의 빗장을
휘-청
단박에 열어젖히니

세상은 고요하고

또
넉넉하구나

수국이 필 때 2

말로 다 하지 못한
그대의 눈물과
그대의 미소,
그대의 기도가
7월의 하늘가에서
치렁치렁
창포물에 머리를 감고
여기 현신하고 있습니다

그대의 환희와
그대의 슬픔
그대의 소원이
하얀 포말을 지으며
파도의 이랑을 따라
여기 밀려오고 있습니다

아직 어두운 마을들과
밝혀지지 않은
마음의 비밀들과

채울 길이 없는 그리움을
포도송이같이 달디단 다발로 엮어서

당신은
여기
별들처럼 피어나고 있습니다

장미의 인사

아침의 포도 위를 걸어갈 때
담장 너머로
웃음 지으며 인사하네
그대는

저녁 무렵 집으로 돌아갈 때
구름 아래
반짝이며
그대는 인사하네

당신의 하루는
이윽고
한송이 꽃으로
하늘 시렁에 담긴다

제3부
만세의 메아리

별의 노래 • 열린 책 • 시집 1 • 하늘 공원

별이 빛나는 밤(The Starry Night) • 어여뻐 여겨

시간의 강물 • 만세의 메아리 • 재상봉 2

다시 연세 동산에서 • 태풍의 소식이 들려올 때마다

시 항아리 1 • 시 항아리 2

별의 노래

어둠의 끝이 보이지 않는
식민지의 땅에서
별을 노래하는 마음*을 지녔던 사람

예수 그리스도를 행복했던 사나이로,
그에게처럼
십자가가 허락**되기를
사모했던 이

모든 죽어가는 것들을 사랑하다가
스물여덟
그 짧은 생애를 드리고
돌아갔네
그의 별 곁으로

그토록 어두웠던 밤에
그 또한 하나의 별이 되어
36년의 어둠을
밝히는 별로 남았네

 * 윤동주의 「서시」에서.
** 윤동주의 「십자가」에서.

열린 책
– 블로그에 붙여

이 책은 누구든지 열어 볼 수 있다
누구든지 여기로 걸어 들어올 수 있고
누구라도 흔적을 남길 수 있다

이 책은 오늘도 지어져 가고 있다
설계자는 언제든 들어와
새로운 창문을 달기도 하고
문지방을 수리하기도 한다

누구든지 원할 때면 닫을 수 있다
바람도 책장을 닫을 수 있다
그러나 그 영토는
닫힐 수 없이
무한대로 열려 있다

어느 날
바람이 불어와
책이 열리면
그대는 보게 되리

평생에 보지 못한 푸른 잎새들이
바람 속에
휘워이 휘어이
나부끼고 있는 것을

시집 1

40여 년 만에 페북에서 다시 만난 후배,
이태 전 낸 나의 시집 얘길 듣고
시 읽을 생각에 마음이 설렌다고

하기야 잘 아는 여시인이
새 시집을 내었다는 소리를 듣고서도
난 마음이 설레었지

40여 년 만에 다시 만나는 선배도
시를 써두었다면 마음이 설렐 만큼
이국 땅에 살아온 그에게
시들지 않는 동경이 있었던 게지

오랜 세월이 지나서 마주쳐도,
늘 가까이 있다고 치부해도,
시들지 않는 동경과
사람에 대한 기대를 품고
살아왔다는 것이

얼마나 다행스러운가
얼마나 마음 설레게 하는가

하늘공원

첫 시집을 출간해서 우송해 드렸더니
축하의 말과 함께
다음 번에 내는 책도
꼭 보내달라고 카드를 보내셨지

20여 년 후에
두번째 시집을 보내드렸더니
축하와 격려의 편지를
한 장 가득
그것도 영어로 써서
내 나이 91세라 글씨가 이렇다 하셨지

의예과에 입학했지만
6·25전쟁 통에 통역병이 되어
미국 군사학교에서 8년 일하고
영어 선생이 되었지

미국에 교환교수로
몇 년 가 있는 동안

한국전 참전용사들과 부상자들을
찾아다니며
민간사절 역할을 했다네

치매를 앓는 아내를 데리고
매일 옥상의 하늘공원을 산책하는 게
주요 일과라네
책이야 읽는 척할 뿐이지
아내를 상대해 주는 게 제일 큰 일이지

내가 앉은 이 벤치 이 자리가
노상 내 자리라네
주소를 알려주게
연말에 카드라도 보내게

별이 빛나는 밤(The Starry Night)
− 〈빈센트 반 고흐 그룹〉[*]에 붙여

왜 그들은 하루가 멀다 하고
별들이
회오리바람같이
휘감은 밤하늘을
자꾸만 퍼다 나르고 있을까
손등 위에
가방 위에
벽 위에
기타 위에

빈센트의 별이 빛나던 밤이
아직도 그들 사이에
별빛을 내려주고 있는 걸까

보리밭과 전나무는
푸른 생명의 돌기로써
도시들과 메마른 가슴들을
헤집고 들어오는 걸까

그림 한 점도

그에게 빵을 가져다주지 않았는데
이전에 만난 적 없는 여인과
푸른 까페에 앉아서
못다 한 사랑의 얘기를 나누다가
밤으로의 여행을
자꾸만 떠나게 하는구나

외롭고 가난했던 빈센트를
그렇게
여행 보내고
아직도 별빛을 다 풀어내지 못한
밤을 향하여
그들은
들어가는구나

내일은 또
노오란 해바라기가
아침을 이끌고 카페의 창문 앞에
당도하리라

* 페이스북을 통해 결성된 일종의 국제적인 '반 고흐' 동호회.

어여삐 여겨
― 한글날

왕은 글자를 모르는 어린 백성을 어여삐 여겼다
그 뜻을 실어 펴지 못하는 이의 안타까움…

전철에서 핸드폰에 글을 쓰고
한글 자판을 두드려
열린 책*을 인터넷에 펼치며
세계 역사에 하나뿐인 문자,
백성을 내 몸같이 사랑한 왕을
때로 생각하네
세상의 으뜸, 세종世宗

창제의 원리와 과정,
만들어진 때와 만든 이가 밝혀진
세계 유일의 신비의 문자

열일곱 자의 자음과
열한 자의 모음으로
세상의 모든 소리를
다 담아내는 글자,

천
지
인,
우주를 담아서 펼쳐내는
모국어

* 열린 책: 블로그.

시간의 강물
― 소녀상

가혹한 운명을 앞에 두고
너는 떠나온 고향을 향한 그리움과
앞날을 모르는 두려움 속에서
차라리 정지된 시간을 품은 채
하염없이 앉아 있구나

어디에 갔다 왔느냐
네 잃어버린 청춘과
꽃피우지 못한 네 삶의 그리움과 꿈이
시간의 강을 건너지 못한 채
여기 멈추어 있구나

바다로 흘러가지 못한 푸른 강물이
여기에
말없이 나를 마주하고 있으니
아직도 처녀인 네 얼굴을 어루만지며
노을빛이 물들어오는 바다의 입구에서
너를 보듬어 안고
평생의 모든 시름과 고통과 눈물을

언제나 처녀인 바다의 넓은 품 안에 부려 놓느니

사랑하는 자야
이제 일어나자
다시는 밤이 없고
눈물과 탄식이 없는 그 나라에서
수정같이 맑은 강물*과 더불어
이제 흘러가리라

* 요한계시록 22:1-5.

만세의 메아리
– 3·1절에 붙여

100년 전 우리의 조상들은
태극기 하나 들고
총칼로 다스리는 자들 앞에서
만세를 불렀다

동구 밖에서
시가지에서
읍내에서
그저 맨손으로
만세를 부르면
그것이 하늘 끝에 닿아서
메아리 되어 독립이 올 줄 믿었다

진리를 붙들면
어둠이 물러가고
빛이 오리라 믿었다
조선은 독립국임을 선포하고
평화와 공의가 도래한 시대임을
선언할 때

광복의 그날이 올 것을 믿었다

수줍던 청년도
다소곳한 처녀도
백발의 할아버지도
거친 손의 농부도
한길로, 광장으로 내닫으며
만세를 불렀다

돌멩이도 주먹도 내려놓고
맨손으로 만세 하라고
독립선언서에까지 공표하면서
푸른 하늘과 3월의 깨어나는 들판의 주인이
조선의 백성임을
대낮에 선포하였다
무력으로 다른 나라를 강탈하고 압제하는 것이
부끄러운 일인 것을 맨손으로
선언하였다

맨손의 진리파지眞理把持*
그러나 26년 후에
만세가 메아리 되어
해방은 도둑같이 왔다
맨손의 독립만세가
100년 후의 이 땅에서
어떻게 응답되었는지,
해마다 이날은
36년 억눌린 고난을 상쇄해 버리고 남는
우리의 긍지,

어찌하여 식민지에서 해방된 지 70여 년 만에
'완전한 민주국가'로,
세계에 영감과 즐거움을 주는 문화국으로,
선진국들과 어깨를 나란히 하는 G10으로,
세계적 선교국으로 발돋움했는지,

총칼 든 압제자들 앞에
맨손으로 진리를 붙들고 외친

그날의 만세의 메아리,
그날에 흘린 고결한 피,
불의와 압제에 굴하지 않는 자유혼이
이 나라 이 땅에 사무쳐서

오늘도 보노라
귓가에 소리 없는 함성으로,
만민의 가슴속에
꺼지지 않는 횃불로
타오르는 것을

---

* "간디는 사티아그라하(Satyagraha: 진리파지) 정신을 가장 중요한 영성의 **뼈대**로 삼아 생명과 평화사상을 실천했다."(출처: 천지일보 http://www.newscj.com)
 – 간디는 이 운동을 1920년부터 시작하였는데 3·1절의 독립만세는 이보다 앞선 1919년에 일어났다.(저자 주)

재상봉 2

3월이 오면
우리들의 재상봉을 약속한 5월이
성큼 다가온다
20년 전 재상봉 때 만났던 친구들을 다시 만나고
50년 동안 못 만났던 동기들도
만날 수 있으리라

50년 전 고교를 갓 졸업한 풋풋한 모습으로
만났던 동기들
입시 날 아침 안개를 헤치고 시험장으로 가서
글짓기부터 하고 난 뒤
입시의 장벽을 넘어서
만나게 되었던 친구들,
이제 안개는 걷혔는가
불유거不踰矩의 칠십이 내일 모레인데
든든한 지주는 찾았는가

4중창을 어떻게 미리 연습하나,
셰익스피어의 소네트 강독이야

평생 셰익스피어와 함께 해 온 친구에겐
즐겁고도 보람된 일,
로망스를 즐겨 부르던 노교수보다
머리가 더 희끗해진 친구 교수에게 강의를 듣는
우리들은 '물같이 와서 바람같이' 간 노교수*와
또 우리들의 남은 인생 앞에 다시 서보는 거지

언더우드 동상 앞에서 입학 때같이
다시 한번 기념사진 찍고
'주 하나님 지으신 모든 세계'를 그려보며
거닐던 청송대에서
50년 동안 걸음걸음을 인도하신
주님의 손길을 돌이켜보고
풍요한 나라와 삶의 터전을 뒤로 하고
한 달 넘도록 배를 타고 태평양을 건너
동방의 가난한 작은 나라에 와서 기도하던
선교사의 기도가
이 조선의 130여 년 역사 속에,
여기 동상 앞에 모여선 우리의 50년 속에

응답받은 모습을 헤아려 보지 않을까

세상을 이미 떠난 동기들도 있고
함께 웃음과 슬픔, 배움을 나누던 친구들을
모두 만나지는 못할지라도
그날들이 우리들 앞에 청송대의 소나무처럼,
백양로 위의 흰 뭉게구름처럼
다시 펼쳐지리니
한 삶의 줄기에서 솟구쳐 이어져 온
우리의 삶이
오고 오는 연세의 젊은이들을 통해
작은 디딤돌이 되고
세대에서 세대로 흐르는 노래가 되리라

* 고 오화섭 교수. 수필집,『물같이 와서 바람같이 가다』를 출간했다.

다시 연세 동산에서

오늘 연세 동산에
우리가 설렘과 기쁨을 가지고
다시 온 것은
사랑받고 사랑했던 기억,
꿈꾸고 노래했던 시간들,
배움과 탐구의 열정,
고뇌하고 아파했던 젊은 날의 추억이
이 동산 곳곳에 서려 있기 때문입니다
백양로를 걸으며
청송대의 나무들 사이를 지나며
별이 바람에 스치우는 소리를
다시 듣기 때문입니다

50년 전 이곳을 떠날 때는
50년 후에 은빛 머리칼을 날리며
이곳에 다시 오리라는 약속은
어디에도 없었기에
그동안 우리 곁을 떠난 친구들과 선생님들로 인해
마음 한편에 슬픔과 아쉬움이 있음에도
여기에 산 자로 다시 온 감사가

우리에게 있기 때문입니다

가난과 어둠 가운데 있던 조선을 위해 기도했던 이,
모든 죽어가는 것들을 사랑하며
기도하는 사람들이 있었기에,

저마다의 일터에서, 공장과 건설의 현장에서
가정에서, 교단에서, 강단에서
땀과 눈물을 아끼지 않고 살아온 날들,
새벽을 깨우며 기도하며 헌신한 사람들이 있었기에,

이제 조선의 마음이 세계 속에
대낮의 빛과 같이 밝히 드러나
세계에 영감과 즐거움을 주는 문화국가로,
개도국에서 선진국으로
완전한 민주국가로
세계적인 선교국가로 올라섰기에
오늘 우리에게는 기쁨과 보람이 있습니다

때로는 넘어지고 상처 입고 낙심할 때

우리를 붙드시고 다시 일으키시고
우리 청춘을 독수리같이 새롭게 하시는 주님의 은혜로
우리가 오늘 여기에 다시 섰습니다

앞으로 남은 날이 많지 않다고
아쉬워할 이가 있습니까
지나온 50년을
구름기둥 불기둥으로 인도하시고
바다를 육지로 만드시고
황무지가 장미꽃같이 피어나게 하신 이가
인도하시리
우리의 앞길을

연세의 젊은이들이 세상을 밝히는 빛의 자녀로,
이 나라 이 민족이 세계의 등불로 타올라
주님이 우리를 주의 일꾼 되게 하신 것같이
연세의 젊은이들이 땅끝까지 이르러,
열방을 주님께로 인도하기까지
우리는 오고 오는 세대에 작은 디딤돌이 되리라
세대에서 세대로 흐르는 노래가 되리라

태풍의 소식이 들려올 때마다
– 한 목자의 초상

태풍의 소식이 들려올 때마다
몸을 낮추어 기도하며
40년 동안 새벽을 깨워 온 사람
사무엘이 사는 날 동안에
이스라엘을 지키리라시던 이가
오늘도 그 기도를 들으시고

눈앞에서 아버지를 총살한 공산당과
황폐해진 들녘을 바라보며
오직 십자가를 들고 걸어온 사람
북녘에 남은 어머니는
불타버린 교회터에 엎드려
새벽이슬에 젖도록 기도하는데

강단에 서야 하기에
성가대로 설 수 없는 것을
늘 아쉬워하며
대신
가슴속에 넘치는 말씀으로

노래하는 사람

굶주려 죽어가는 북녘 동포들에게
양식을 보내고
연변의 잊혀진 고토故土 위엔
북방을 바라보며
새 일꾼들을 모은다

계명성 동쪽에 밝을 때
검은 두루마기에
오늘도 기도하는 사람
사무엘이 사는 날 동안에
이스라엘을 지키리라시던 이가
오늘도 함께하시는 아침

시 항아리 1

상일동 전철역 대합실
작은 테이블 위에
시 항아리 하나

시 한 편 한 편을
작은 두루마리처럼 말아서
항아리 안에 채워서
누구든지
마음 내키면 골라 갈 수 있는데
나는 언제나 시 한 송이를 제비처럼 뽑아서
전철에 앉아 펼쳐 본다

어느 교회의 이름으로
시 항아리 안에
시들이 작은 비둘기처럼 깃들어
누군가의 손길을 기다리고 있는데

시를 계속 부어놓는 것은
어쩌면 예수님 때문인지도 몰라

손을 들어
들의 백합화와
공중 나는 새를 보라 하시고
들어오고 나가는
양들에게 생명의 꼴을 먹이시는 분이기에
메마르고 황량한 시대에
시를 먹이라고 하신 것은 아닐까

그대는 시 한 송이 먹고
돌짝밭도 가시밭도 지나서
그대의 마음밭에
시를 심고

내일은
그대 샘물에서 샘솟는 노래를
저 항아리에
또 부어놓지 않으려나

시 항아리 2

시인들이 보내주는 시들이
한 편 두 편 도착하는데
언제
시 항아리가 다 찰까

밤 사이에도
이른 아침에도
카톡으로, 메일로, 문자로
도달하는 시편들

열어볼 때마다
한 사람 한 사람의 모습만큼이나
시도 다른 얼굴, 다른 향기로
열리면서
시인들의 마을과
시인들의 서재와
나날의 기도와
눈물과 웃음
그리고 사색의 산책길을 만난다

시인들의 마을에서 온
편지들이
수북이 쌓이고
나는 언어와 형상,
사랑으로 세워진 마을의 주민이 되고

이윽고
가나의 항아리처럼
차오르는 시 항아릴 본다

제4부
생명의 강물

그 잔盞 • 나는 그저 • 생명의 강물

어둠 속에 선율이 흐를 때 2 • 뽕나무

어느 날 꿈속에 • 세미한 음성 • 눈 내리기 전에

어떤 눈물 • 저녁노을 • 다른 무엇으로

그 잔盞
– 성찬식

주님이 주시는 잔을 감사함으로 받고
주님의 생명 안에 살기를 원합니다

주님의 살이 나의 살이 되고
주님의 피가 내 혈관에 흐르기 원합니다

육신과 탐욕을 주님의 십자가에 못 박고
주님과 함께 죽기를 원합니다

포도주의 잔을 주실 때
우리는 생명과 기쁨의 잔이기를 원했지만
주님 주시는 잔은
또한 버림과 순종과 고난의 잔인 것을,

옮겨 주시기를 아버지께 간구했던,
그 잔盞임을 이 밤에 비로소 알게 됩니다

나는 그저

나는 그저 당신이
고개 한 번 끄덕여 주시기 바랐어요
그 무슨 칭찬이나 상급을 바라지도
않았어요

뽕나무에 올라가 있을 때
그 이름을 아시고
부르신 것처럼

옥합을 깨뜨려
당신 앞에 무릎 꿇어
향유를 부었을 때
그 마음을 아시고
받으신 것처럼

사람들 사이로
당신의 옷깃을 만졌을 때
발걸음을 멈추고
돌아보신 그 얼굴

나는 그저 당신이
고개 한 번 끄덕여 주시기 바랐어요

생명의 강물

나의 모든 것 주께 속한 것 알았을 때
내게 남은 건 하나도 없었네
내게 있는 건 오직 주님의 것뿐
주님이 그 피로 나의 모든 죄 씻으시니
아무도 내 머리털 하나 상하게 할 수 없고
내 몸은 주님의 생수의 강에 잠기니
사나 죽으나 나는 주님의 것[*]

낮의 해와 밤의 달 저 산과 들도
꽃들과 새들도 다 주님의 것
그 손가락으로 천지를 지으신 주
생명의 강물이 여기에 흘러오니
해도 달도 천지간에 사라지고
오직 여호와의 빛이 온누리에 비치니[**]
사나 죽으나 나는 주님의 것

* 하이델베르크 요리문답(Heidelberg Catechism)에서: "첫번째 문답 –
  〈문〉 살아서나 죽어서나 당신의 유일한 위로는 무엇입니까?
  〈답〉 나는 나의 것이 아닙니다. 그러나 살아서나 죽어서나 몸과 영혼이 나의 신실하신 구주 예수 그리스도의 것입니다. 그가 보혈로 나의 모든 죗값을 치러 주셨고 마귀의 권세로부터 나를 자유롭게 하셨습니다. 또한 그가 나를 보호하심이 하늘에 계신 내 아버지의 뜻이 아니고는 내 머리에서 머리카락 하나라도 떨어지지 않는 것과 같습니다. 실로 모든 것이 협력하여 나의 구원을 이룹니다. 내가 그의 것이기에 그리스도께서 그의 성령으로 말미암아 내게 영원한 생명을 보증하시고, 지금부터 영원히 나의 온 마음을 다하여 기꺼이 언제라도 주를 위하여 살도록 인도하십니다."
** 이사야 60:19-20.

어둠 속에 선율이 흐를 때 2
– 하트체임버 오케스트라[*]

그것은 어둠과의 싸움이었다
누구도 승산이 있으리라고 생각할 수 없는
칠흑 같은 어둠과의 싸움이었다
어둠은 얼마나 끈질기게 우리를 공격하고
평생을 물고 늘어졌던가

누가 감히 죽음과 싸울 수 있겠는가
평생에 죽음의 종노릇하던 사람들이
어찌 죽음과 맞서 싸울 수 있겠는가

눈이 성한 동료들도 어둠에 몸을 맡기고
연주하기 시작했으므로
음악은 더 이상 빛 속에 머무르지 않았다
선율은 다만 사랑의 파동으로 흐르기 시작하였으므로
우리들은 어둠을 넘어서 하나가 되어
흐르기 시작했다
오랜 원수인 죽음은
더 이상 우리를 부릴 수 없었다
사랑은 죽음보다 강하였기에

* 시각장애 음악인으로 구성된 실내관현악단으로 단원 23명 중 13명이 시각
  장애인으로 구성되어 있다. 2007년에 창단.

뽕나무
— 삭개오

가까이서 만나기에는
전설처럼 너무 멀고 큰 사람이어서
나무 위에서라도 보고 싶었지요
어린 시절 뽕나무 열매를 따러
어른들의 눈을 피해 올라갔던 것처럼
나 혼자서 멀리서라도 그를 보고 싶었지요

사람들이 앞뒤에서 그를 에워싸고
나아오는데
그이는 내가 올라간 뽕나무 앞에 발을 멈추고
푸른 잎새 사이로 내 이름을 불렀지요
나를 이전에도 만난 적이 있는 것처럼
다정하게 부르면서
나의 집에 오시겠다니
순간 놀람과 기쁨이 내 맘속에서 솟구쳤지요

그이는 우리 집의 손님이라기보다
오래전부터 주인이었던 것처럼
우리 집을 가득 채우시고

아늑하면서도 훈훈한 곳이 되게 하셨기에
나도 그가 사랑하는 사람들을 바라볼 수 있었지요
내 가진 것을 그들에게 나누어줌으로
내 이름을 부르시고 내 집에 오신 그이에게
응답하고 싶었지요

아브라함의 이름으로
나를 축복하시고
잃었다가 찾은 어린 양으로
품어주심으로
나는 목자 되신 그이에게 돌아왔지요

어느 날 꿈속에

어느 날 꿈속에
주님이 내 집에 찾아오셨네
어디로 들어오셨는지 나는 모르나
다락방에 모인 제자들 가운데
오신 것처럼 오시지 않았을까

나는 방 한쪽에 무릎을 꿇고
기도하고 있었네
눈을 들어 주님을 바라보는 것이
두려웠던가
기도 중에 임하시는 주님을
기다리고 있었던가

나 주님의 얼굴을 뵙지는 못했지만
내 평생의 소원
꿈속에서라도 만나기 원하는
그 소원을
주님이 이루어 주셨네

다시 한번 주님을 뵐 때는
주님의 품에 안겼던 제자처럼
그 팔에 안겼으면
사랑의 왕
내 목자 예수
그 친절한 팔에

세미한 음성

여호와 나의 하나님이여
주께서 내게 주신 빛을 발아래에 두지 않게 하시고
내게 주신 새 노래를 세상의 노래와 섞지 않게 하소서
주님이 훈계하시는 세미한 음성을 놓치지 않도록
제 귀를 항상 열어 주소서

주께서 주신 계명을 만홀히 여기지 않게 하시고
마음 판에 새겨 따르게 하소서
밤중에 내 양심이 교훈하여 일러 줄 때
주님의 훈계를 듣게 하시고*
주께서 밤과 아침에 계시하여 주시는 말씀을
볼 줄 아는 눈을 열어 주소서

여호와를 경외함이 지혜의 근본임을 알게 하셨사오니
주님의 지혜를 구하여 주께 간구하며
주님이 말씀하실 때까지 기다리며
인내하는 믿음과 겸손을 주소서
경건의 연습과 경건의 능력을 더하여 주소서

여호와 나의 주여
주는 나의 기업이시요 분깃이시며
영원히 너의 남편 되리라 약속하여 주셨사오니
주의 언약을 떠나 내가 어디로 가리이까

주는 실로 나를 돕는 자시요
나의 산성 나의 피할 바위시니
주께서 내게 주신 기쁨이 날마다 새롭고
주께서 나와 함께하시고
기름 부으심으로
내가 나의 선하신 목자를
찬양하나이다

* 시편 16:7.

눈 내리기 전에

아무도 낙엽을 탓하지 않네
머리 위에, 옷깃 위에 낙엽이 떨어질 때
누구도 피하지 않네

머리 위에서, 바람 속에서
속삭이던 잎새들,
지금도 가지들 사이로 날아다니는 새들이 그들의 친구이기에,
푸른 잎새의 향기가 아직도 우리 주위를 감싸고 있기에
누구도 낙엽을 타박하지 않네

낙엽들이 포도 위에,
대지 위에 쌓이는 동안
누구도 낙엽을 쓸거나 태우려고
서두르지 않네

멀리 갔던 그대가 돌아오신다면
눈 내리기 전에,
바람 불기 전에

이 오색 빛 보료를
밟고 오셔요

어떤 눈물

방 안에 갇혀서
두문불출 나와보지도 않던 마리아,
주님은 동구 밖에 서서 그녀를 기다리다가
비로소 걸어 나온 그녀를 만나실 때
"주님 왜 그때 오시지 않았나요?"

눈물 흘리며 원망하는 그녀를 보고
무덤으로 걸어가면서
말없이 흘리신 주님의 눈물*,

기어코
내게도 눈물이 되었습니다

* 요한복음 11:30-35.

저녁노을
− 꿈 2

그대가 열중하여 일하고 있을 때
나는 그대 뒤편 서쪽 하늘에
빛나는 붉은 노을을
손을 들어 가리켰네

보라 저기 타는 저녁놀
하늘을 붉게 물들일 때
나는 그대를 향한 그리움마저 잊었노라

내 생명의 모든 목마름을 넘어
넘치도록 흐르는
저 황홀을 보라

저녁노을을
나의 빈 잔에 담아 마시노니
사랑하는 그대여
분주함에서 눈을 들어
그대의 잔을 들어 올려 주오

다른 무엇으로

내게 부족한 것이 있다면
그것이 주님이게 하소서
다른 무엇으로 채워질 수 없고
다른 어떤 것으로 만족할 수 없는,
그래서 주님만을 바라게,
주님만을 기다리게

내게 연약한 것이 있다면
의지할 이가 오직 주님이게 하소서
다른 무엇을 붙잡아도 흔들리고
다른 어떤 것이 붙잡아도 무너질 수밖에 없는,
그래서 주님만을 의지하고,
주님만을 붙잡게

내게 어두운 것이 있다면
주님만이 나의 빛이 되게 하소서
다른 무엇 속에서도 헤맬 수밖에 없고
다른 어떤 것 아래서도 혼미하여
오직 주님 안에서만 길을 찾고
주님만이 나의 해답이 되도록

제5부
먼 여행

개기월식皆旣月蝕 · 백목련 필 때 · 나무와 여인
먼 여행 · 시간의 방향 2 · 성전의 돌 · 감사 노트
겨울 수국 1 · 겨울 수국 2 · 입춘
애기장대풀의 꿈 · 도착 · 샘물

개기월식皆旣月蝕

고요한 정원,
바람도 없는 하늘 속에
단풍잎이
ㅌ ㅗ ㄱ
떨어질 때
발걸음을 멈춘다

어제는 해와 지구와 달이
밤하늘 속에서 한 줄로 서서
달의 얼굴이 붉게 물들었다

인력의 깊은 인연이
별들 사이를 흐를 때
보이지 않는 사랑의 끈을
밤하늘에서도 본다

이 가을에
떨어지는 낙엽 소리를 들으며
나뭇가지의 손을 놓고
다시 대지의 손을 잡는 작은 손을 본다

백목련 필 때

목련이 하루하루
하늘 사다리를 오르며
피어나고 있네

저리도 많은 꽃잎들을
피워내는 것은
누구를 위해서일까

3월의 햇빛으로
따숩게 부풀어오르는 하늘을 위해,
살랑이며 꽃잎에 입술을 부비고 가는
바람 자락을 위해,
아니 가까이서 피어있는 산수유꽃을 위해,
누구랄 것도 없이 봄을 기다려 온
나무들, 새들,
그리고 검은 흙들을 위해,

아, 그리고 시인을 위해,
아직 태어나지 않은

시들과 노래들을 위해서

백목련 필 때에는
햇빛도 조심조심
바람도 조심조심,
모두가 귀를 기울이고 있네

나무와 여인

하오의 정원에서
한 여인이 나무를 품에 안을 듯,
나무는 여인을 안을 듯
서로 그렇게 긴밀하게
품을 내어주면서
초록색 열매를 따서
주머니에 넣는데

나무는 아무런 불만이 없이
여인은 조금도 서두름이 없이
꼭 나무를 쓰다듬듯,
나무는 여인에게 몸을 맡기고

한겨울을 다 지나서도
푸르기만 한 측백나무가
담담하게
열매를 내어줄 때

약용으로 쓰라는

저 열매에서

밤을 지나고 나면

바오밥 나무*가

돋아날 것만 같다

---

* 아프리카 짐바브웨, 나미비아, 남아공 등 건기와 우기가 명확한 열대 지역에서 서식하는 희귀 식물. 보통 3,000년간 살 수 있어 불멸의 식물로 일컬어지며, 평균 높이 20m, 줄기 둘레 10m의 크기이다. 특히 수명이 5,000년에 달하는 것도 있어, 아프리카에서는 생명의 나무로 신성시된다.(네이버 지식백과)

먼 여행

노오란 은행나무 이파리와
갈색의 포플라 잎사귀가
깔린 가로를 걷노라면
고흐는 분명 가을부터
그림을 그리기 시작했으리라

가을 아침
나선을 그리며 발 앞에 떨어지는
포플라 푸른 낙엽을 주워서
아직 남은 생명의 체온을 만져보다가
주머니에 조심조심 넣어두었다

낙엽들은 이제
먼 여행을 떠날 채비를 하고 있다
자루마다 가득 채워져서
또 다른 나무들과 꽃들을 피우기 위해,
시들은 대지를 깨우기 위해
돌아오지 않는 여행을 떠날 것이다

그대여
우리는 또 어느 꽃과 나무를 위해
먼 여행을 떠나야 할까

시간의 방향 2

영정사진 속에서 환하게 웃던 친구의 장례식 날,
카톡이 그의 생일을 알려 준다
이 땅에 소풍 온 날과
하늘로 돌아간 날이 같으니
그래서 환하게 웃었나 보다

세상 떠나기 전 투병 중에
영상으로 작별을 고하던 이가[*]
생각나니
친지와 독자들을 위해
안타까운 작별 인사를 남겼는데
기대하지 않았던 나에게까지
그의 작별이 와닿은 것은 왜일까

삼성병원 장례식장 앞에 서 있는
검푸른 눈물방울이[**]
가을 하늘의 청량한 대기 속에
위태로운 듯, 그러나
흔들림 없이 서 있고

내게 아무런 작별 인사도 남기지 않은 친구의
활짝 웃는 미소가
가을 하늘에 여운처럼 번지니
그가 이 땅에 온 바로 그날에
다시 새로운 문을 열고
하늘 푸름 속으로 들어갔으리라

 * 고 이어령 교수는 별세 전에 작별 인사 영상을 남겼다.
** 최재은 작, 〈시간의 방향〉. 삼성서울병원 장례식장 앞에 있는 설치조형물.

성전의 돌

어느 날 새벽 꿈속에
몇 해 전 돌아가신 어머니가
성전의 현관으로 성도들을 맞이하러
나가시는데

은빛 귀밑머리 몇 가닥이 비져 나온 채
어머니가
나에게 마음으로 전해 주시는 말
"우리 교회다"

하나님은 세상의 모든 곳에 계실 수 없어서
어머니를 세상에 두셨고
하늘로 가신 어머니는
아주 떠나갈 수가 없었는지

주님의 마음이
어머니의 마음이 되었고
어머니의 마음이
마침내

산돌 되신 주님께 잇대어
성전의 작은 돌이 된 것을
알았습니다

감사 노트*

하얀 백지를 보면
긴장과 유혹을 느낀다
눈 쌓인 마당을 처음 밟을 때처럼

누군가의 생각과
마음의 토로와 사연을 받아주기 위해
마련된
빈 항아리
열려 있는 미지의 땅

빈 채로 출간된 책
365일 감사의 제목들을 적어야만
비로소 책 한 권이 완성되는데
더 이상의 재쇄도, 재판도 없고
세상에 한 권뿐인 책이 되는데

사실 읽을 이는 천지간에 둘 뿐
그대와 또 한 분
그러기에 텅 빈 듯하지만

무게를 달 수도 없어

밤마다 이 미완의 책을 펼쳐서
감사의 제목과 기도의 제목을
써 내려갈 때
하루하루가
이윽고 마감되고

백지 위에 떨림으로
시가 태어나듯이
그대의 감사가 나날의 향로에
담겨지고
그대는 떨림으로 그의 문[**]에 들어가네

[*] 365일 감사노트: 캐롤 선교사가 엮어 펴낸 책.
[**] 시편 100:4.

겨울 수국 1

빛나는 꽃잎의 향기와
부드럽고 나긋나긋한 꽃술이
다 이울었지만
여위어진 자신을
부끄러워하지 않네

갈색 머리에
여윈 몸으로
시든 모든 것들을
다만 견디면서

푸른 성운 같던 풍성한 모습이
이제는
사람 없는
무인 우주정거장같이
떠있고

꽃마차 같던 꽃숭어리가
이제는 마른 다발이 되어

다만 기다리고 있네

대지가
또다시 생명의 불을 댕길 때
온몸을 다하여
타오를 그 날을

겨울 수국 2

노랗게 마른 채로
달려 있는 겨울 수국을 만지다가
문득 소녀상의 얼굴이 떠오른다

한겨울을 다 지내도록
이토록 이울 수도 없는 것은
대지를 타고 오는 봄의 맥박 소리를 듣기 때문일까

순백의 꽃술들이
하늘가에 새로운 목숨을 수놓으면
그 마른 얼굴을 그제야 눈 감고
검은 흙으로 돌아갈까

태양은
겨울 수국의 머리 위에서
휘황하게 빛 보숭이를 쏟아붓고 있다

입춘
– 평화의 문[*]

봄이 온다기에
봄맞이하러 나갔다

봄은 보이지 않고
평화의 문 사이로
보름달이 하오의 하늘에서
나를 맞아준다

평화의 불이 타오르며
바람에 나부끼는데
한 소년이 불꽃 속으로,
아니 불꽃을 바라보며 걸어온다

불꽃 속으로부터 한 소년이 걸어 나온다
아브라함을 위해 어린 양을 마련해 주셨네
평화, 평화
하늘 위에서 내려온다

[*] 올림픽공원의 입구에 세워진 문(World Peace Gate). 김중업 설계.

애기장대풀의 꿈

달에는 계수나무 한 그루만
자란 줄 알았는데
반세기 전 아폴로 우주선이 퍼온
달의 표토에서
애기장대풀이 돋아났다네

무수한 별들 가운데
지구에만 생명체가 있다는 것이
쓸쓸하다 못해
무겁기도 했는데
달의 화산재에서도
풀이 돋아난다니
사람이 알지 못하는 풀꽃이나 생명이
우주 어디에선가
자라고 있지 않을까

만일 어느 별나라에
민들레 홀씨들과
유채꽃 씨앗들을 뿌리고

넉넉하게 비도 뿌려 준다면
어느 날엔가 별이 빛나는 밤
그대의 뜰에서도 듣게 되지 않을까
솨아 솨아
별의 노랫소리를.

도착

이름도 얼굴도 모르는 이에게서
등기로 책이 온다

어느 시인은 한 사람이 오는 것은
한 생애가 오는 것*이라 했는데
소리 소문도 없이
한 사람의 생명의 꽃다발이 온다

생각하면 얼마나 아름다운 도착,
아름다운 손 벋음,
만난 적 없는 유대가
여기에 펼쳐지는가

공명共鳴을 바라는
그대가 거기 있기에
나는 하나의 종이 되기로 하고

그대의 노래와 눈물과 땀과
그리고 무엇보다 향기를 무상으로 보내주니

나도 그대에게 무상으로 다가가
한 다발 꽃이 되고 싶다

* 정현종의 「방문객」에서.

샘물

신부님의 성체성사에서
포도주를 잘못 쏟아버린 어린이에게
"오, 너는 장차 사제가 되겠구나"
신부님의 말씀을 들은 어린이가 훗날
사제가 되었다는데

십자가가 무거워
쓰러지듯 무릎 꿇은 예수님의 조각상을 보고
그 십자가의 땅에 끌린 후미를
들어올리려 엎드린
이 여자아이는 장차 무엇이 될까

주여
이 천진한 연민과 사랑의 마음을
지켜 주시고
그 마음이
훗날 이 어린이의 삶에 등불이 되게 하소서
세상 속에 수고하고 무거운 짐 진 자들을
주님이 부르신 것같이,

그 등불이 사람들을 비추게 하소서

이 어린 생명에게 부어 주신
생래의 연민과 친절이
주 안에서
마르지 않는 샘물 되어 세상을 적시게 하소서.

해설

세상만사에 두루 뻗친
예수 중심의 심미적 촉수
— 시집 『샘물』을 대하고

임영천(문학평론가 · 조선대 명예교수)

조정태 시집 『샘물』의 출간을 기쁘게 생각한다. 조정태 시인은, 그의 시를 대하는 이들에게, 매우 여리고 순수하고, 깊이와 넓이가 있으며, 게다가 높이까지 갖추어져 있음이 느껴져 독자로서 다소의 위구감을 갖지 않을 수 없음이 또한 사실인 것 같다. 그만큼 값싼 독자로서 그의 시편들 앞에 나서기가 상당히 민망스럽다는 말도 되는 것으로 보인다. 여기 그의 시 「겨울 노래」 한 편을 놓고 보아도 위에서 말한 사실들이 재확인되는 것 같다고 말할 수 있겠다. 마치 완당 김정희의 그림 〈세한도〉를 한 편의 시詩로 보는 듯한 느낌이 들게 만들었다고 하겠는데, 그러나 완당의 그 그림이 주는 서늘함과 차가움의 온도가 이 「겨울 노래」에서는 그대로 느껴지지 않음이 신기하다고 여겨진다.

〈세한도歲寒圖〉에서의 '세한歲寒'은 설(구정) 전후의 추위라는 뜻으로 매우 심한 한겨울의 추위를 가리킨다. 그 상태를 제주도에서 유배 생활을 하던 추사가 그림으로 그린 것이 〈세한도〉요, 이를 오늘의 기독교도인 조 시인이 시로 쓴 것이 「겨울 노래」이다. 계절의 배경이 한겨울의 맹추위인 것만은 동일한데, 이를 받아들이는 수용자의 처지에서 볼 때, 〈세한도〉의 냉기冷氣가 「겨울 노래」에서는 온기溫氣로 다가오는 이유가 무엇일까, 궁금하지 않을 수 없다. 결국 이 시를 직접 들여다보는 수밖에 없을 것 같다.

숲이 비어 있으면
태양도 가난하다

꽃들은 일찍이 모두 대지로 돌아갔고
나무들도 빈손
울창하도록 만물을 거느렸던 태양도
빈손

그러나
목련나무 가지 위
겨울잠을 자는 꽃눈도,
빈 몸으로 서 있는 라일락의 뿌리도
알고 있다

태양은 결코
　　가난해지지 않은 것을

　　모든 잠든 것들 위에
　　등불처럼 멀리 비치지만
　　혹한 속에서도
　　가려줄 잎사귀 하나 없는 새 둥우리 속
　　작은 새들은
　　듣고 있다

　　빈 가지들을 현 삼아서
　　태양이
　　그 빛줄기로
　　가만히
　　탄주하고 있는 겨울 노래를
　　　　　　　　　　―「겨울 노래」 전문

　이 노래(시가)의 주요한 단어는 '태양'이다. 다섯 연으로 구성되어 있는 이 시편詩篇 중에서 '태양'이 직접적으로 등장하지 않는 연은 제4연뿐이다. 그러나 간접적으로 태양이 등장하기는 하는 것으로 보이는데, 그것은 '등불'이란 비유로 나타나고 있다. "모든 잠든 것들 위에 / 등불처럼 멀리 비치지만"에 나타난 그 등불이 바로 태양에 대한 비유라고 할 수 있겠다. 태양이 그 강한 빛을 상실해 마치 희미해진 등불처럼 멀리 그 약한 빛을 비추는 실정에 다다른 것을 위 시구詩句는 나타내고 있다. 그렇게 보면 다섯 연 모두에 태양이 다 나타나고 있는 셈이니, 이 시가의 주요 단어가 '태양'이라고 본 것은 당연하다고 생각한다.

 제1연에서는 태양의 가난을 노래한다. 제2연에서도 태양의 가난('빈손')을 노래한다. 그러나 제3연에서는 태양이 실제로 가난해지지 않았음을 애써 역설力說하고 있다. 그리고 제4~5연에서, 그 가난해지지 않은 이유에 대해 태양이 "빈 가지들을 현 삼아서 / 그 빛줄기로 / 가만히" 겨울 노래를 탄주彈奏하고 있기 때문이라고 하였다. 그리고 그 탄주된 겨울 노래를 듣고 있는 주체는 "혹한 속에서도 / 가려줄 잎사귀 하나 없는 새 둥우리 속 / 작은 새들"이라고 명기하였다. 이렇게 이 작은 미물조차도 혹한 속에서 생명을 부지한 채 '빈 가지들'의 현이 울리는 소리를 듣고 그 노래의 실제 탄주자彈奏者가 바로 '태양'이란 사실을 깨닫고 있다는 것은 놀라운 일이 아닐 수 없다.

 여기 모든 연에 다 나타난 '태양'은 창조주 신(하나님)의 은유라고 볼 수 있다. 구약 시편(84:11)에 '하나님은 해(태양)'라고 비유적인 표현을 쓴 곳도 보이거니와, 창조주께서 모든 피조물들에게 따스한 온기를 불어넣어 줄 태양을 적절히 운행하시어 그들의 목숨이 이어지게 하심은 '하나님은 해'라고 표현한 시편 말씀의 실제적 육화肉化라고도 볼 수 있으리라.

그 때문에 겨울잠을 자는 목련나무의 꽃눈도, 빈 몸으로 서 있는 라일락의 뿌리도 당연히 '태양은 결코 가난해지지 않은 것'임을 잘 알고 있으리란 것이다. 그러므로 여기엔 창조주(하나님)의 피조물에 대한 사랑이 질화로 속의 끊이지 않은 온기처럼 저변에 흐르고 있다 할 것이다.

  질화로 속의 끊이지 않은 온기로 느껴져 오는 조 시인의 이 시편이 서화가書畵家 김정희의 〈세한도〉가 풍기는 냉기의 지경과 비견될 수 없는 것은 김 화가의 그 그림 속에 창조주의 사랑이란 게 전혀 풍기지 않은 때문이라고 할 수 있다. 절해고도에서 억울한 유배 생활을 하고 있는 지식인의 그 통한이 서화로 형상화되어 있음은 그것대로의 의미가 있는 예술 작품임에는 틀림이 없으나, 그것의 경지가 창조주(하나님)의, 자연에 대한 무한대의 사랑으로 번져 나간 「겨울 노래」의 그 온기의 지경에는 미치지 못하였기에 그만 '냉기'의 분위기에 머무를 수밖에 없게 되지 않았겠나, 하는 판단이다. 상대적으로 「겨울 노래」의 그 따스함(온기)이 자연히 승기를 잡았다고 볼 수 있겠다.

  다음으로 「돌덩이」란 이름의 작품에 대하여 살펴보기로 한다.

    주님 앞에 찬양을 드리지만
    두 눈만이 드러나 보이고
    당신 목소리도 성전 안에서

온전히 울릴 수가 없구나
성전은 비어 있고

주님의 십자가 아래에 선
여인들이 생각나는 것은 왜일까

하얀 마스크가
당신의 고운 얼굴빛을 가리고
낭랑한 음성을 가린다 한들
주님의 무덤을 막아선 돌덩이 같을까

라우다무스 테
동산지기와도 같이
아침 풀밭 위로
걸어오신 주님

사망이나 생명이나
환난이나 곤고나
현재 일이나 장래 일이나
어떤 피조물도
무덤 앞의 돌덩이를 옮기시는 손길을
막을 수는 없으니

라우다무스 테.
Laudamus Te

　　　　　　　　　　　—「돌덩이」 전문

　이 시 「돌덩이」에서는 실제로 '돌덩이'란 시어가 두 차례 나온다. 제3연의 '주님의 무덤을 막아선 돌덩이'와 제5연의 '무덤 앞의 돌덩이' 이렇게 두 군데 나타나는데, 보다시피 모두 무덤과 관련해서만 나타나고 있다. 그리고 이 돌덩이는 모두 '예수의 무덤' 문을 막는 데 사용되었던 돌덩이였다. 그러나 두 차례 나타난 이 각각의 돌덩이가 전자와 후자에서 그 의미를 달리하고 나타났다고 볼 수 있다. 그렇다면 그것의 의미가 무엇인지 생각해 보아야 할 것 같다.

　전자에서는, 시간적으로, '주님의 무덤을 막아선 돌덩이'라고 해서 주님의 부활 이전의 시간대로 보이고 있으며, 후자에서는 '무덤 앞의 돌덩이를 옮기시는 손길'이 전제되어 있기 때문에 시간적으로 주님의 부활 이후, 아니라면 최소한 부활을 위한 주님의 행동거지가 개시되고 있는 시간대일 것으로 보인다. 그러니까 돌덩이 문제와 관련해 표현해 보자면, 전자는 부활 이전의 돌덩이, 그리고 후자는 결국 부활 이후의 돌덩이, 이렇게 양자를 확연히 구별해 바라보게 된다는 것이다.

　화자話者는, 당신의 '고운 얼굴빛'과 '낭랑한 음성'을 가리는 그 무엇이 있다 한들 그게 어떻게 '주님의 무덤을 막아선 돌덩이'와 같을 수 있겠는가 하고 강력하게 질문한다. 찬양하는 여인들이 쓴 흰 마스크가 그들의 얼굴을 가리고 입들을 막아 아무리 답답한 것이었다고 하더라도 주님의 무덤을 막아 놓은 그 돌덩이만은 못했을 것이란 뜻이다. 결국 그 '돌덩이'는 주님의 십자가 처형의 한 지속적 구속 장치라고 볼 수 있겠다. 십자가 처형 사건 후에 대제사장들과 바리새인들이 빌라도 총독에게 찾아와서 '돌로 무덤을 봉하고' 파수꾼을 세워서 예수의 시체가 제자들에게 도난당하지 않도록 해 달라고 굳이 요청했던(마 27:62–66) 사실이 그 점을 증명한다.

그러나 "사망이나 생명이나 / 환난이나 곤고나 / 현재 일이나 장래 일이나 / 어떤 피조물도" 그 "무덤 앞의 돌덩이를 옮기시는 손길"을 막을 수가 없었으니, 결국 주님은 모든 사망 권세를 이기시고 부활 승리하신 것이었다. 그래서 '라우다무스 테(Laudamus Te)', 곧 "우리는 주님께 찬양을 드립니다(We praise Thee)"라는 신앙고백을 하지 않을 수 없는 처지에 우리는 놓이게 되었다고 하겠다. 돌덩이를 옮기는 일은 창조주의 권세를 인정하지 않고서는 이루어질 수 없는 일이었기에, 사망 권세를 이기고 부활하심으로써 이제 주님은, 찬송가(164장)의 말씀처럼, "부활 생명 되시니 우리 부활하겠네"와 같이, 우리의 부활 소망의 원천이 되시기도 한 것이다.

다음으로 「산책」에 대하여 보기로 하겠다.

나무들은 그 팔로 나를 두르고
대지는 내 발을 받쳐 주어서
나는 대지 속에 깃든
한 개 말 없는 생물이 되어
그저 타박타박 걷는다

대기는 맑고
대나무 숲,
소나무 숲은 청청,
나는 대지의 품 안에
안기어 있는 듯

생각도 걱정도 끊어진
허허로움

그때
난 알았네
나를 안고 있는 것은
나무도 숲도 아니요
천지 지으신
여호와인 것을

─「산책」전문

이 작품은 자연으로의 소요·산책의 선물이 결국은 창조주 하나님의, 인간에 대한 섭리와 은총이었음을 깨닫는, 화자의 각성이 돋보이는 시라고 할 수 있겠다.

　산책자는 지난 시대의 산책자 장 자크 루소처럼 자연을 완전히 믿고 그에 의탁한다. 루소처럼 "자연으로 돌아가라"의 심적 상태이고, 거기에 더해 완전히 "자연 상태로 돌아가라"의 심적 자세이다. 그래서 나무들이 그 팔(가지)로 그를 두르도록 자신을 내맡기고, 대지는 걷는 이가 주동적으로 발을 딛는 발판이라기보다는 보행자(산책자)의 발을 그(대지)가 걸어가게 함으로써 자동적으로 걷게 만드는 그 원동력으로 작용하고 있다. 그래서 산책자는 대지 속에 녹아든 일개 무언의 존재가 되어 그저 발길 걸리는 대로 진행할 뿐이다.

　이때 산책자가 자신을 맡긴 자연은 어떤 상태였던가. "대기는 맑고 / 대나무 숲, / 소나무 숲은 청청"하여 마치 자신이 "대지의 품 안에 / 안기어 있는 듯"하다고 하였다. 그 자신이 대지의 품 안에 안겨 있는 것 같았다고 한다면, 이는 그가 마치 어린아이와 같은 상태로 돌아갔다는 것을 의미하는 것이겠다. '가이아' 이론을 주창한 러블록(Lovelock)은 '대지'를 모든 생물들을 보살펴 주는 자비로운 어머니라고 표현하였다. 한마디로 대지는 어머니인 것이다. 그렇기에 산책자는 자신이 대지 곧 어머니의 품 안에 안겨 있는 어린아이 같다고 고백하는 것이다. 자연 생태계의 위력이 어느 정도인가를 보여 주는 한 단면이라고도 하겠다.

그리고 그 상태는 또한 "생각도 걱정도 끊어진 / 허허로움" 그 상태였다고 토로하는 것이다. 무념무상의 지경이라고 표현해 볼 수도 있겠다. 어린아이의 경지로 탈바꿈 되었다면 무슨 '생각과 걱정'이 따로 있겠는가. 어머니의 품 안에 안기어 있는 바로 그 상태인데 말이다. 그런데, 그는 그때 알았다고 확언하는 것이다. 그를 품에 안고 있는 것은 실은 '나무도 숲도 아니요', '천지 지으신 여호와'인 것을 알았다고 하였다. 대지가, 그리고 나무나 숲과 같은 자연이 자기를 안아 주었다면, 또 그런 우주 만물을 창조하신, 창조주 하나님이 최종적인 답이 될 수밖에 없다는 엄연한 사실을 그는 확실하게 깨닫게 되었던 것이다.

다음은 「별의 노래」에 관해서이다.

어둠의 끝이 보이지 않는
식민지의 땅에서
별을 노래하는 마음을 지녔던 사람

예수 그리스도를 행복했던 사나이로,
그에게처럼
십자가가 허락되기를
사모했던 이

모든 죽어가는 것들을 사랑하다가

스물여덟
그 짧은 생애를 드리고
돌아갔네
그의 별 곁으로

그토록 어두웠던 밤에
그 또한 하나의 별이 되어
36년의 어둠을
밝히는 별로 남았네

—「별의 노래」 전문

 우리나라 사람들은 시인들 중에서 특별히 김소월과 윤동주를 좋아한다. 그런데 두 시인은 무언가 모르게 극 대 극인 것 같다는 생각이 드는데, 왜 그런 극 대 극의 시인들을 함께 좋아할까, 하는 생각이 든다. 윤동주의 시에는 역사성이 깃들어 있는 편이다. 그러나 김소월의 시에는 아무래도 그 역사성·사회성이란 것이 깃들어 있는 것 같지 않다. 그에게도 「바라건대는 우리에게 우리의 보습 대일 땅이 있었더면」(1925) 같은 사회성이 짙은 시가 없지는 않지만…….

 이 사실 하나만으로도 둘은 서로 동질의 시인으로 보기는 어려울 것 같다는 판단이다.

 그런데 둘 사이에 특이한 현상이 하나 더 발견된다. 김소월이라고 일본인들이 좋아하지 말란 법이야 없겠지만,

특히 윤동주에 대해서는 민망할 정도로 그를 좋아하는 열혈 팬들이 많다는 사실이다. 그냥 좋아하는 정도가 아니라 일종의 팬클럽 같은 것을 만들어 무리 지어 좋아하는 데 이르러서는 우리나라 사람들이 어안이 벙벙할 지경이다. 혹시 일제 강점기에 그(윤동주)를 죽게 만든 처사에 대한 반성의 의미에서 그들이 그러는가 하는 생각도 해 보게는 되지만, 그들이 그런 의미에서 그러는 것 같지는 않다. 또 그들이 그럴 사람들도 아니라 보겠고……. 하여간 미지의 매력을 풍기는 윤동주에 대해서는 그 자신만이 지니고 있는 예술적 마력이란 게 있을 것이라고 여기는 수밖에 달리 무슨 확연한 답이 나올 것 같지는 않다. 결국 그의 시의 매력 문제로 떠밀리게 되는 판이다.

조 시인의 「별의 노래」에서는 윤동주 상이 전편에 깔린다. 제1연에 의하면 그는 '별을 노래하는 마음'을 지녔던 사람이었다. 마음이 평안할 정도로 풍성했을 때 별을 노래하기는 어렵지 않으리라. 그러나 그는 "어둠의 끝이 보이지 않는 / 식민지의 땅에서" 별을 노래했다고 하니 조금은 별난 사람으로 보인다. 평범한 사람들은 그렇게 하지 못한다. 그가 시인이었기 때문에 그랬던 것이다. 또 시인이라고 해서 다 그럴 수 있는 것도 아니다. 그는 그러니까 '별난 시인'이었던 셈이다. 그가 왜 별난 시인이었는지 시문을 통해 보기로 한다.

윤동주는 '예수 그리스도를 행복했던 사나이로' 보았는데,

그 이유가 매우 역설적이다. "그에게처럼 / 십자가가 허락되기를 / 사모했던 이"가 바로 윤동주였기 때문이란다. 예수처럼 자기에게도 십자가가 지워지기를 걸기대乞期待했으므로 그는 자연히 예수 그리스도를 행복했던 사나이로 볼 수밖에 없었다는 말이다. 평범한 사람에게는 이런 식의 논리가 통용될 수 없을 것이다. 그러나 윤동주에게는 이 논리가 역사적으로 그대로 실현되었기 때문에 그에 관한 위의 말들은 하등 이상할 것이 없게 되어 버린 셈이다. 예수의 십자가를 후에 그도 실제로 졌기 때문에 십자가가 허락되기를 사모했다는 위의 표현이 전혀 이상하게 느껴지지 않는 것이겠다.

논리와 역사, 꿈과 현실이 그대로 들어맞는 삶을 산 시인이 윤동주였다면, 식민 통치 시대에 아무리 악독한 만행을 저질렀던 일본 사람들(아니 그 후예들)이라고 한들 그를 좋아하지 않고 배길 것인가, 물어보게 된다. 그러니 그가 평소 좋아했던 그 '별' 곁으로 가서 강점기 36년간의 어둠을 밝히는 '별'로 남게 되었다는 사실을 또한 우리가 엄숙히 받아들이면서, 결국 그의 일대를 표본 삼아 그를 시인으로 인정하면서 동시에 민족의 수난자로서도 살피는 역사적 혜안을 지녀야 할 줄로 안다.

다음은 「어여삐 여겨―한글날」에 대하여 보기로 한다.

왕은 글자를 모르는 어린 백성을 어여삐 여겼다
그 뜻을 실어 펴지 못하는 이의 안타까움…

전철에서 핸드폰에 글을 쓰고
한글 자판을 두드려
열린 책을 인터넷에 펼치며
세계 역사에 하나뿐인 문자,
백성을 내 몸같이 사랑한 왕을
때로 생각하네
세상의 으뜸, 세종世宗

창제의 원리와 과정,
만들어진 때와 만든 이가 밝혀진
세계 유일의 신비의 문자

열일곱 자의 자음과
열한 자의 모음으로
세상의 모든 소리를
다 담아내는 글자,
천
지
인,
우주를 담아서 펼쳐내는
모국어

—「어여삐 여겨-한글날」 전문

뉴스는, 올해에도 세계문자대회가 열렸는데 우리 한글이 세계 제1의 문자로 인정을 받았다고 하였다. 가끔 심심찮게 듣게 되는 뉴스거리이기도 하다. 그리고 국제펜한국본부에서는 2015년에 처음으로 제1회 세계한글작가대회란 것을 연 것을 필두로 하여 2024년 금년까지 무려 열 차례의 세계한글작가대회를 매해 열어, 세계의 작가, 시인들과 관련 학자들을 초청해 한글의 우수성을 알리고, 동시에 한글 문학의 우수성에 대해서도 널리 알림으로써 이제 한글 문학, 달리 말해 한국 문학의 우수성이 세계적으로 인정되는 지경에까지 이르게 되었다고 보겠다.

　지난해 제9회 세계한글작가대회는 남도의 빛고을(광주광역시)에서 열렸었고, 그 현장에 그곳 출신인 한국 작가 한강 씨가 초청 연사로 불리어 가서 세계의 작가, 시인들 앞에서 자신의 문학관을 설파할 기회를 얻더니, 그로부터 만 1년이 지난 올 10월에, 우연의 일치일지는 모르겠지만, 스웨덴 한림원에서 주는 노벨문학상을 받게 되는 영광까지 안게 되어 우리로서는 오랜 한을 풀게 된 셈이었다. 소위 K-문학이 앞으로 더욱 풍성하게 엉그는 계기가 되기를 바라는 마음 간절하다.

　화자는 지금 지하철을 타고 가면서 핸드폰을 열어 글을 쓰면서 '세계 역사에 하나뿐인 문자', 그 문자를 창제해 낸 '세상의 으뜸인 세종 왕'에 대하여 생각해 보고 있다. '백성을 내 몸같이 사랑한 왕', 그리고 글자를 모르는 어리석은 백성들을 긍휼히 여겨, 또한 그 글자의 뜻을 능히 펴지 못하는 이들의 안타까움을 풀어 주기 위해 "창제의 원리와 과정, / 만들어진 때와 만든 이가 밝혀진 / 세계 유일의 신비의 문자"를 만들어 낸 왕 세종에 대하여 생각하고 있다.

 그 글자인 한글(훈민정음)은 "열일곱 자의 자음과 / 열한 자의 모음으로 / 세상의 모든 소리를 / 다 담아내는 글자"이며, 동시에 "천 / 지 / 인" 삼재三才의 우주 원리를 담아 펼쳐 낸, 우리나라의 언어(모국어)라고 하였다. 이처럼 국어와 밀접한 관련을 맺고 창제된 국자國字 한글은 '백성을 일깨우는 바른 소리'란 뜻의 훈민정음訓民正音이란 이름으로 처음 발표되어 오늘에 이르렀으니, 우리 모두 이를 자랑스럽게 여기고 또한 그 건전한 계승을 위해 노력해야 할 것으로 보인다.

 다음으로 「뽕나무-삭개오」에 대해서이다.

> 가까이서 만나기에는
> 전설처럼 너무 멀고 큰 사람이어서
> 나무 위에서라도 보고 싶었지요
> 어린 시절 뽕나무 열매를 따러
> 어른들의 눈을 피해 올라갔던 것처럼
> 나 혼자서 멀리서라도 그를 보고 싶었지요
>
> 사람들이 앞뒤에서 그를 에워싸고
> 나아오는데
> 그이는 내가 올라간 뽕나무 앞에 발을 멈추고

푸른 잎새 사이로 내 이름을 불렀지요
나를 이전에도 만난 적이 있는 것처럼
다정하게 부르면서
나의 집에 오시겠다니
순간 놀람과 기쁨이 내 맘속에서 솟구쳤지요

그이는 우리 집의 손님이라기보다
오래전부터 주인이었던 것처럼
우리 집을 가득 채우시고
아늑하면서도 훈훈한 곳이 되게 하셨기에
나도 그가 사랑하는 사람들을 바라볼 수 있었지요
내 가진 것을 그들에게 나누어줌으로
내 이름을 부르시고 내 집에 오신 그이에게
응답하고 싶었지요

아브라함의 이름으로
나를 축복하시고
잃었다가 찾은 어린 양으로
품어주심으로
나는 목자 되신 그이에게 돌아왔지요
　　　　　　　　　—「뽕나무—삭개오」 전문

세리장이요 부자인 삭개오에 관한 이야기가 아름다운 시

로 형상화되었다. 세리가 천대를 받는 직업인 것은 잘 알려진 일이거니와, 그 천함이 어느 정도인가를 예수께서 대제사장과 백성의 장로들 앞에서 이렇게 말한 바가 있다. "내가 진실로 너희에게 이르노니 세리들과 창녀들이 너희보다 먼저 하나님의 나라에 들어가리라"(마 21:31하) 이 말씀에 의하면 세리들이 창녀들과 동급으로 취급되고 있음을 알 수 있다. 그렇게 비천하게 취급된다고 하더라도 세리들은 그것이 그들과 그 가족 식구들의 생명줄이 달린 직업이고, 또 떵떵거리고 살아갈 수 있는 데다, 어떻든 부정한 방법으로라도 부를 축적할 수 있는 최적의 방편이기에 그들은 결코 그 직업을 버리려고는 생각지도 못했으리라 여겨진다.

 삭개오는 세리들 중에서도 우두머리인 세리장이었기에 권세도 그만큼 더 높고, 많은 재물이 알게 모르게 흘러들어와 거부가 되어 있었으리라 판단된다. 그러나 이 사람에게 순진한 구석이 있었지 않았나 싶다. 소위 세리장 신분의 인사라면 그를 알아보는 사람들도 꽤나 있을 법한데 그는 체면 불고하고 뽕나무 위로 기어 올라가 그 유명한 사람, 유능한 사람, 아니 "가까이서 만나기에는 / 너무 멀고 큰" 전설적인 인물 예수를 탁 트인 시야에서 온전히 바라보려고 욕심냈으니, 무언가 모르게 다소 얼이 빠진 사람 같기도 하지만, 그러나 중요한 것은 그가 순진하다는 점이었다. 그가 어떻게 세리, 아니 세리장으로까지 올라갔는지는 모르겠지만 그에게 남아 있는 순진성만은 예수께서도 금방 알아차

리셨다고 보아진다.

"그이는 내가 올라간 뽕나무 앞에 발을 멈추고 / 푸른 잎새 사이로 내 이름을 불렀지요 / 나를 이전에도 만난 적이 있는 것처럼 / 다정하게 부르면서 / 나의 집에 오시겠다니…" 삭개오가 감당 못 할 일이 지금 벌어졌다. "삭개오야!" 하고, 마치 옛날부터 알고 있는 사람을 부르듯 그렇게 다정하게 부르신 예수께서는 "빨리 내려오라. 오늘 내가 네 집에 유하여야 하겠다"라고 하셨으니 이 얼마나 놀라운 일인가. 당사자인 삭개오도 반쯤 혼이 나간 상태가 됐지만, 예수를 따르던 주위의 많은 사람들도 너무 놀라 입들을 다물지 못하고 있는 실정이었다. 상식적으로 있을 수 없는 일이 백주대로상에서 벌어졌기 때문이다. 그 상황이 성경에는 이렇게 기록되어 있으니 말이다. "뭇 사람이 보고 수군거려 이르되 저가 죄인의 집에 유하러 들어갔도다 하더라"(눅 19:7).

그러나 삭개오 자신은 '죄인의 집'에 들어오셔서 유하기로 하신 예수를 맞이해 "내 가진 것을 그들에게 나누어줌으로 / 내 이름을 부르시고 내 집에 오신 그이에게 / 응답하고 싶었지요"라고 했으니, 정말 과거의 삭개오답지 않은 일대용단을 내린 것임에 틀림없었다. 그를 '죄인'이라 하고 그의 집을 '죄인의 집'이라 불렀던, 그 죄인 아닌 사람들보다 죄인인 삭개오가 훨씬 더 나은 위치에 서게 되었음이 분명하다. 이는 그 후 예수께서 이렇게 응답하신 데서 더욱 확실해진다. "오늘 구원이 이 집에 이르렀으니 이 사람도 아브라함의 자손임이로다"(눅 19:9). 뒤의 말씀은 더욱 선명하다. "인자가 온 것은 잃어버린 자를 찾아 구원하려 함이니라"(눅 19:10). 그래서 화자는 이렇게 노래한다. "아브라함의 이름으로 / 나를 축복하시고 / 잃었다가 찾은 어린 양으로 / 품어주심으로 / 나는 목자 되신 그이에게 돌아왔지요". 삭개오의 이 고백은 바로 우리 독자들의 고백이기도 하다.

마지막으로 「샘물」에 대하여 보기로 한다.

> 신부님의 성체성사에서
> 포도주를 잘못 쏟아버린 어린이에게
> "오, 너는 장차 사제가 되겠구나"
> 신부님의 말씀을 들은 어린이가 훗날
> 사제가 되었다는데
>
> 십자가가 무거워
> 쓰러지듯 무릎 꿇은 예수님의 조각상을 보고
> 그 십자가의 땅에 끌린 후미를
> 들어올리려 엎드린
> 이 여자아이는 장차 무엇이 될까
>
> 주여
> 이 천진한 연민과 사랑의 마음을
> 지켜 주시고

그 마음이
훗날 이 어린이의 삶에 등불이 되게 하소서
세상 속에 수고하고 무거운 짐 진 자들을
주님이 부르신 것같이,
그 등불이 사람들을 비추게 하소서

이 어린 생명에게 부어 주신
생래의 연민과 친절이
주 안에서
마르지 않는 샘물 되어 세상을 적시게 하소서.
—「샘물」 전문

  이 시집의 표제작이기도 한 「샘물」이란 작품의 중요성이 부상한다. 이 샘물은 '마르지 않는' 샘물이다. 샘물이 중도에 말라 버린다면 그건 쓸모가 없는 것이 아니겠는가. 화자는 그래서 '마르지 않는 샘물 되어'란 염원을 드러내고 있다. 그러면 무엇이 "주 안에서 / 마르지 않는 샘물"이 되기를 바라는 것인가. "어린 생명에게 부어 주신 / 생래의 연민과 친절이" 바로 그렇게 되기를 바라는 것이다.
  여기에는 두 어린 생명이 등장한다. 하나는 "신부님의 성체성사에서 / 포도주를 잘못 쏟아버린 어린이"이고, 또 하나는 '예수님의 조각상'을 보고 무슨 반응을 일으킨 여자아이, 이렇게 둘이다. 먼젓번 아이는 남자아이, 즉 소년이었던 것

같다. 그러나 뒤의 아이는 여자아이, 곧 소녀이다. 이 두 아이들 중에서 먼젓번 등장하는 소년은 후에 사제가 되었다고 한다. 성체성사가 진행되는 도중 '포도주를 잘못 쏟아버린' 소년에게 신부님이 "오, 너는 장차 사제가 되겠구나"라고 상황에 반하는 역逆 격려를 해 준 것이 효험이 있어 후에 신부님의 말씀대로 그 소년이 사제가 되었다고 한다. 충분히 그럴 수 있는 일이라고 보겠다.

그러면 소녀에게는 무슨 일이 있었던가. "십자가가 무거워 / 쓰러지듯 무릎 꿇은 예수님의 조각상을 보고 / 그 십자가의 땅에 끌린 후미를 / 들어올리려 엎드린" 바 있는 소녀였다고 하였다. 이 여자아이를 화자는 '천진한 연민과 사랑의 마음'을 지닌 소녀로 보았다. 그리고 그런 고운 심성을 후세인들도 본받음으로써 그 소녀의 그 후한 마음이 여기 저기 비춰 주는 하나의 등불로 살아나기를 바라고 있다. 그 등불이 사람들을 비추게 하여 "수고하고 무거운 짐 진 자들아 다 내게로 오라"(마 11:28)고 하신 예수님의 말씀이 실제로 다른[逆] 방향에서 실현되게 하심으로써 결과적인 선이 이루어지도록 만드셨다고 보겠다.

그리하여 시인은 이렇게 결론 내리듯 역설力說하고 있다. "이 어린 생명에게 부어 주신 / 생래의 연민과 친절이 / 주 안에서 / 마르지 않는 샘물 되어 세상을 적시게 하소서." 여기 '생래의 연민과 친절'은 앞서 보고 지나친 '천진한 연민과 사랑의 마음'으로 연결된다. '생래의 연민'과 '천진한 연민'은 결국 같은 마음의 상태일 것이다. 태어날 때부터 지닌 연민의 마음과 천연덕스레 순진한 연민의 마음은 오십보백보의 마음 상태가 아니겠는가.

  동양 종교식 용어로 말하면 인仁에서 우러나오는 측은지심惻隱之心이 곧 생래의 연민, 천진한 연민과 유사할 것 같다. 예수님이 힘겹게 십자가를 끌고 가시다가 너무 힘에 겨워 십자가의 끝부분(후미)이 땅에 닿아 끌리는 모습을 보고 그 소녀가 그 후미를 땅에서 들어 올리려고 엎드렸을 때, 모든 이들이 찬탄했을 것이다. "아이고, 저 소녀 좀 봐"라고……. 왜냐면 자기들은 무서워 그 십자가 근처에 접근하지도 못했는데, 저 소녀는 그 후미를 들어 올리려고까지 했으니 말이다. 시인의 말처럼 그 소녀의 "생래의 연민과 친절이 / 주 안에서 / 마르지 않는 샘물 되어 세상을 적시게" 되기를 두 손 모아 빌어 본다.

샘물

초판 발행일 2024년 11월 25일

지은이 조정태
펴낸이 임만호
펴낸곳 창조문예사
등 록 제16-2770호(2002. 7. 23)
주 소 서울 강남구 선릉로112길 36(삼성동) 창조빌딩 3F(우 : 06097)
전 화 02) 544-3468~9
F A X 02) 511-3920
E-mail holybooks@naver.com

책임편집 김종욱
디자인 이선애
제 작 임성암
관 리 양영주

ISBN 979-11-91797-61-9 03810
정 가 11,000

※ 잘못된 책은 바꾸어 드립니다.